El mundo bajo las olas

ESCRITO POR JOY BREWSTER
ADAPTADO POR FERNANDO GAYESKY

Tabla de contenido

Los océanos del mundo

Casi tres cuartas partes de la superficie de la Tierra están cubiertas por océanos.
En las profundidades de esos océanos se encuentran las montañas más altas y los valles más profundos del mundo.

Los océanos son importantes para todos los seres vivos, incluyendo los que viven en tierra firme. Los océanos nos dan alimentos y **minerales**, y también influyen en el clima de la Tierra, al regular las temperaturas y dar humedad para las lluvias.

Los continentes dividen al océano en cuatro regiones principales: el océano Pacífico, el océano Atlántico, el océano

Índico y el océano Ártico. Aunque estudiamos los océanos por separado, en realidad son uno sólo; están conectados entre sí y el agua circula entre uno y otro.

El ecuador divide la Tierra en dos **hemisferios**. El Hemisferio Norte es el área que se encuentra por encima del ecuador. El

¡ASÍ FUE!

Los océanos cubren el 71 por ciento de la superficie de la Tierra.

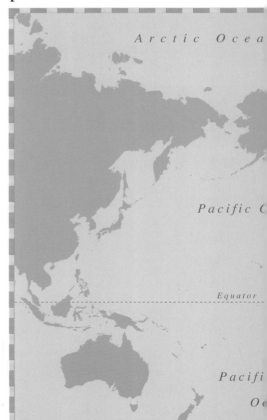

2

Hemisferio Norte

Ecuador

Hemisferio Sur

1 Aproximadamente, ¿qué porcentaje de la superficie de la Tierra es tierra firme?

¿En qué hemisferio los océanos cubren la parte más grande de la superficie del planeta?

Arctic Ocean

Atlantic Ocean

Equator

Indian Ocean

Atlantic Ocean

LOS CUATRO OCÉANOS DEL MUNDO

Océano	Tamaño aproximado (superficie)	Profundidad media	Punto más profundo	Datos asombrosos
Pacífico	64 millones de millas cuadradas 165 millones de kilómetros cuadrados	14,000 pies 4,282 metros	Fosa de las Mariana 36,000 pies 11,022 metros	Este océano cubre un tercio de la superficie de la Tierra y es más grande que todos los continentes juntos.
Atlántico	32 millones de millas cuadradas 82 millones de kilómetros cuadrados	12,800 pies 3,926 metros	Fosa de Puerto Rico 30,100 pies 9,200 metros	Una cadena montañosa submarina llamada Dorsal Media del Atlántico recorre la parte central del océano. Es la característica geográfica más grande de la Tierra.
Índico	28 millones de millas cuadradas 73 millones de kilómetros cuadrados	13,000 pies 3,963 metros	Fosa de Java 24,400 pies 7,460 metros	Gran parte del océano Índico está en los trópicos. Aquí vive el pez más pequeño del océano, el gobio. Mide menos de media pulgada de largo.
Ártico	5 millones de millas cuadradas 13 millones de kilómetros cuadrados	3,900 pies 1,205 metros	Cuenca de Eurasia 14,100 pies 4,300 metros	Este océano está cubierto de hielo la mayor parte del año. El Polo Norte está cerca del centro del océano. La capa de hielo del Ártico llega a medir hasta sesenta y cinco pies de grueso.

Esta gráfica circular muestra el porcentaje de la superficie oceánica total de la Tierra que ocupa cada océano.

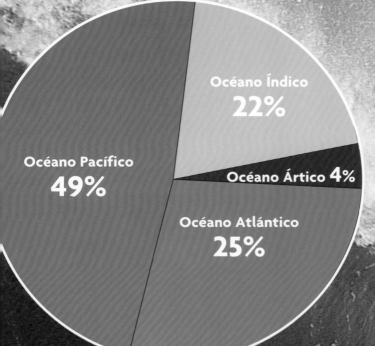

Océano Índico
22%

Océano Pacífico
49%

Océano Ártico **4%**

Océano Atlántico
25%

2 ¿Cuál es el océano más profundo? ¿Cuál es el océano menos profundo?

¿Cuántas veces mayor es el océano Pacífico que el océano Ártico? ¿Y que el océano Atlántico?

Si una milla son 5,280 pies, estima la profundidad de 12,400 pies en millas. ¿Es entre 4 y 5 millas? ¿Entre 2 y 3 millas? ¿Entre 3 y 4 millas?
VERDADERO O FALSO:
Cuanto más grande es el océano, mayor es su profundidad media. Explica tu respuesta.

¡ASÍ FUE!

La profundidad media de los océanos es de aproximadamente 10,395 pies o 3,344 metros.

Ya sabes que casi tres cuartas partes de la superficie de la Tierra (cerca del setenta y uno por ciento) están cubiertas por el agua de los océanos. Pero, ¿sabías que los océanos son tan profundos y extensos que contienen el noventa y siete por ciento del agua del mundo?

Del tres por ciento restante, un poco más del 2 por ciento son hielos y glaciares. Eso significa que menos del 1 por ciento del agua del mundo se encuentra en ríos, lagos, vapor de agua en el aire y en los seres vivos, ¡incluyéndote a ti!

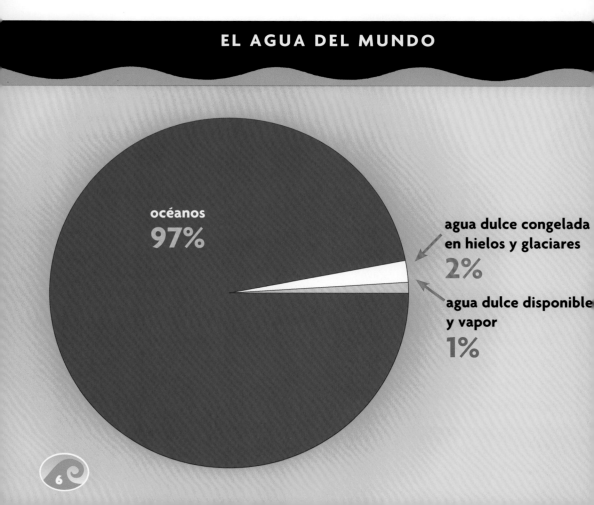

EL AGUA DEL MUNDO

océanos
97%

agua dulce congelada en hielos y glaciares
2%

agua dulce disponible y vapor
1%

3 Imagina que 100 vasos de agua representan el agua del mundo. ¿Cuántos vasos tendrán agua dulce? ¿Cuántos tendrán agua salada?

Si juntas seis galones de agua salada en un balde y dejas que se evapore, ¿cuánta sal quedará en el fondo del balde?

El agua del océano es salada porque contiene mucho **cloruro de sodio**, o sal de mesa. Es la misma sal que usas para darle sabor a tu comida. La sal del océano viene del agua que corre por la tierra en forma de ríos y arroyos. Cuando el agua roza las rocas y el suelo, arrastra sal y otros minerales hacia el océano. Esa sal se disuelve en el océano dejándolo, ¡salado! Cada galón de agua del océano contiene unos dos tercios de taza de sal.

Un galón de agua del océano Atlántico es más pesado que un galón de agua del Pacífico porque el agua del océano Atlántico contiene más sal. A causa de la sal, el agua del océano se congela a una temperatura más baja que el agua dulce.

MANTENTE A FLOTE

Haz este experimento para comparar las propiedades del agua dulce y salada.

← Llena dos recipientes de plástico con tres tazas de agua dulce cada uno.

← Disuelve una taza de sal en uno de los recipientes. Este recipiente contiene ahora agua salada.

¡RESUÉLVELO!

4 **Si el agua dulce se congela a 0° centígrados, ¿cuál es su punto de congelación en grados Fahrenheit?**

Si el agua salada se congela a −19° centígrados, ¿cuál es su punto de congelación en grados Fahrenheit?

Para convertir grados centígrados a Fahrenheit multiplica la temperatura por ⁹/₅, y luego suma 32.

Pon un huevo en el agua dulce y uno en el agua salada.

¿Qué le pasa a cada huevo? ¿Cómo crees que esto afecta a los animales marinos? ¿Y a los buceadores?

El océano en acción

El océano no para de moverse: las **olas** rompen en la superficie, el nivel del mar sube y baja de acuerdo a las **mareas** y las **corrientes** que circulan bajo la superficie.

A pesar de que una ola parece moverse a través de la superficie del océano, en realidad el agua se mueve hacia arriba y hacia abajo. Es por eso que un objeto encima de una ola se mueve hacia arriba y hacia abajo, pero no hacia adelante.

Sin embargo, cuando una ola llega a la costa sí se mueve hacia adelante. Ondula contra la costa. Esto se debe a que la parte de "abajo" de la ola se arrastra sobre la arena mientras que la parte de "arriba" continúa chocando contra la costa. El agua que choca se llama oleaje.

La mayor parte de las olas se forman por el viento que sopla sobre la superficie del océano. El tamaño de la ola depende de la distancia y la velocidad con la que sopla el viento sobre la superficie y de la profundidad de la ola. Los vientos pequeños causan ondulaciones mientras que los vientos fuertes crean grandes olas huracanadas.

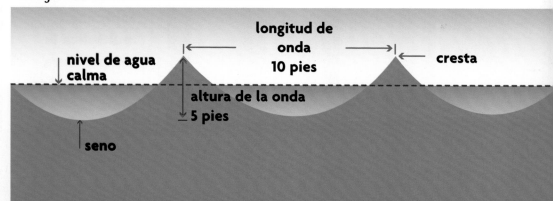

nivel de agua calma

longitud de onda
10 pies

cresta

altura de la onda
5 pies

seno

PAREDES DE AGUA

Las grandes olas causadas por volcanes submarinos y terremotos se llaman maremotos o **tsunamis**. Algunas personas las llaman olas de las mareas, pero este no es un nombre correcto porque los tsunamis no tienen nada que ver con las mareas. Estas enormes olas pueden medir hasta 100 pies de altura y viajar a través del océano. Los tsunamis han destruido ciudades costeras enteras. El tsunami más grande del que se tiene noticia ocurrió en Siberia en 1737. La ola gigante llegó a medir 210 pies.

La parte más alta de una ola se llama cresta. La parte más baja se llama seno. La **altura de la onda** es la distancia entre la cresta y el seno. La **longitud de onda** es la distancia entre una cresta y la siguiente. El nivel de agua calma es el nivel del agua si no hubiera olas.

¡RESUÉLVELO!

5 ¿Cuál es la altura de esta ola? ¿Cuál es la longitud de esta ola?

A lo largo de la mayoría de las costas, el nivel del agua sube y baja dos veces al día. Estos cambios, llamados mareas, son causados por la atracción de la gravedad de la Tierra y de la Luna. La superficie del océano sube en dos lugares: en la parte de la Tierra frente a la Luna y en la parte de la Tierra de "espaldas" a la Luna. Ambas subidas causan marea alta, o pleamar, en las costas cercanas. Al mismo tiempo que ocurre la pleamar, la marea baja ocurre en las zonas en medio de ambas subidas.

← Compara la bahía de Fundy cuando la marea está alta con la bahía de Fundy cuando la marea está baja. ↓

Las mareas vivas y las mareas muertas ocurren dos veces al mes.

MAREA VIVA

MAREA MUERTA

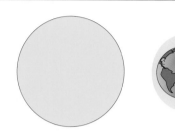

La atracción del Sol también afecta a las mareas, pero el efecto del Sol no es tan fuerte como el de la Luna. Cuando el Sol y la Luna están en línea con la Tierra, la atracción combinada es más fuerte y causa las pleamares más altas y las mareas bajas, o bajamares, más bajas. Estas mareas más altas y más bajas se llaman mareas vivas. Las mareas más débiles se llaman mareas muertas y ocurren cuando el Sol y la Luna se encuentran en un ángulo recto con respecto a la Tierra.

Las pleamares y bajamares se alternan. En la mayoría de las costas hay una marea alta o baja cada seis horas.

¡RESUÉLVELO!

6 **Si una pleamar ocurre a las 8:00 a.m., ¿a qué hora puedes esperar la bajamar? ¿Cuándo puedes esperar la siguiente pleamar?**

Las corrientes son como ríos gigantes que atraviesan el océano transportando agua, plantas y animales a grandes distancias. Las corrientes de la superficie llevan aguas cálidas hacia los polos y frías hacia los trópicos.

La Corriente del Golfo, en el océano Atlántico, es un ejemplo de una corriente de aguas cálidas. Viaja hacia el norte a lo largo de la costa este de los Estados Unidos llevando aguas de los trópicos.

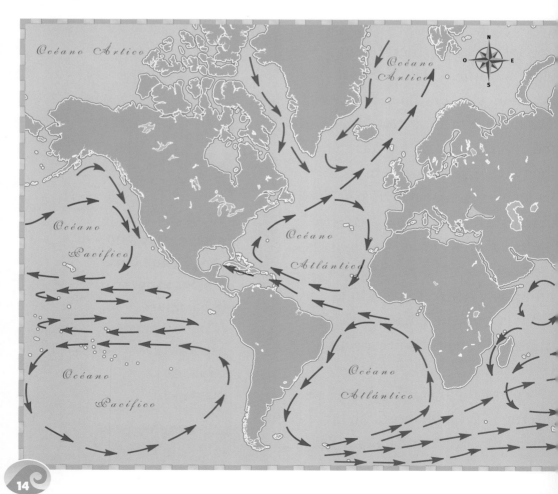

¡RESUÉLVELO!

7 **¿Dónde se encuentran las aguas más cálidas del océano?**

¿Dónde se encuentran las aguas más frías del océano?

¿Cuánto pueden variar las temperaturas del agua del océano?

DEMASIADO FRÍA

La temperatura media del océano es de 4° centígrados, pero las temperaturas varían mucho de acuerdo al lugar y la profundidad del océano:

- La temperatura media del agua en la superficie del océano varía desde los 30° centígrados en los trópicos hasta −2° centígrados cerca de los polos.

- Cuanto más profundo sea el lugar en el océano, el agua es más fría, pero no siempre el fondo es más frío. En algunos lugares se pueden encontrar pasajes de agua caliente en las profundidades de los valles del océano. Allí el agua puede llegar a los 260° centígrados cuando sale expulsada de las grietas en el fondo del océano, al ser calentada por la roca derretida bajo la corteza terrestre.

Este mapa muestra cómo fluyen las principales corrientes de superficie de larga distancia. Las corrientes de agua cálida se muestran con flechas de color rojo y las corrientes de agua fría, con flechas de color azul.

En las profundidades

Cuando vuelas sobre tierra puedes ver cañones, montañas y praderas. Quizás hasta puedes ver un volcán. Cuando vuelas sobre el océano se ve relativamente plano. Pero, escondido debajo de la superficie, se encuentra el suelo oceánico. Allí encontrarás los cañones más profundos, las montañas más altas, la cadena montañosa más larga y ¡los volcanes más activos del mundo!

Los científicos dividen el suelo oceánico en tres partes principales: la **plataforma continental**, el **talud continental** y el **fondo oceánico**.

plataforma continental
600 pies de profundidad

talud continental
1,200 pies de profundidad

plano abisal
12,400 pies de profundidad

La plataforma continental se encuentra alrededor de los continentes del mundo donde la tierra desciende desde la costa hacia el océano. El borde externo de esta plataforma de poca profundidad se encuentra a unos 600 pies bajo el nivel del mar.

Al borde de la plataforma continental, el suelo desciende de repente. Este es el talud continental, que llega a profundidades de 1,200 pies.

Más allá de este punto se encuentra el fondo oceánico. La mayor parte del fondo oceánico está compuesta de los **planos abisales**, que son llanos. Pero también hay largas cordilleras llamadas **dorsales oceánicas**. Los volcanes y maremotos se producen generalmente en las dorsales oceánicas. Los valles profundos, llamados **fosas**, también se encuentran en el fondo oceánico.

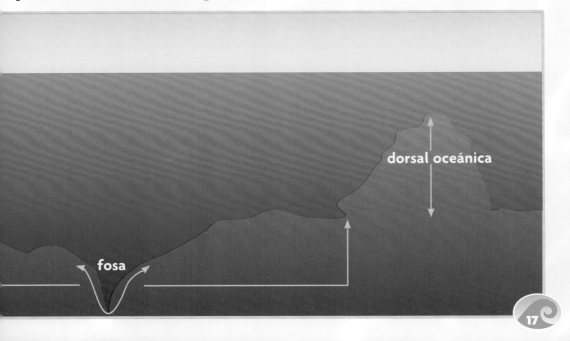

dorsal oceánica

fosa

Compara estos valles y montañas submarinos con los ejemplos más destacados de tierra firme:

EL VALLE MÁS PROFUNDO

LA MONTA—A MÁS ALTA

en tierra firme

Monte Everest (Tibet)

29,028 pies de altura →

nivel del mar

bajo el agua

Mauna Kea → (Hawai)

33,474 pies de altura
(desde el suelo oceánico hasta la cima)

en tierra firme

Cañón Colca (Perú)

11,220 pies de profundidad ←

bajo el agua

Fosa de las Mariana (Pacífico occidental)

36,198 pies de profundidad
(desde el suelo oceánico hasta el nivel del mar)
←

¡RESUÉLVELO!

8 Si los 13,796 pies del Mauna Kea están sobre el nivel del mar en forma de isla, ¿qué profundidad tiene el agua allí?

Si hay 5,280 pies en una milla, ¿cuánto más profunda es la Fosa de las Mariana que el Cañón Colca?

Estima aproximadamente cuántas veces más larga es la Dorsal Media del Atlántico que el Himalaya.

LA CORDILLERA MÁS LARGA

tierra firme Himalaya (Tibet) 4,500 millas de largo ↓

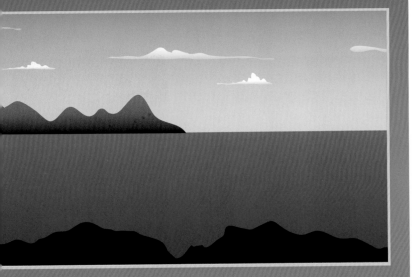

bajo el agua Dorsal Media del Atlántico ↑
46,000 millas de largo

LAS ISLAS VOLCÁNICAS HAWAIANAS

¿Sabías que las islas de Hawai son en realidad los picos o cimas de volcanes que se ven desde el suelo oceánico? Estos volcanes hicieron erupción por primera vez hace unos 25 millones de años, y todavía son activos. Estas islas se conocen como un archipiélago, que es una cadena de islas. Los volcanes hacen erupción bajo el mar continuamente: ¡cerca del 90 por ciento de toda la actividad volcánica de la Tierra ocurre en el océano!

Los océanos tienen diferentes niveles o zonas. Las zonas se definen por la cantidad de luz solar que penetra en el agua. La cantidad de luz, temperatura y presión de cada zona crea un medio ambiente único para diferentes tipos de animales. Las tres zonas principales son la zona de luz solar, la zona crepuscular y la zona de medianoche.

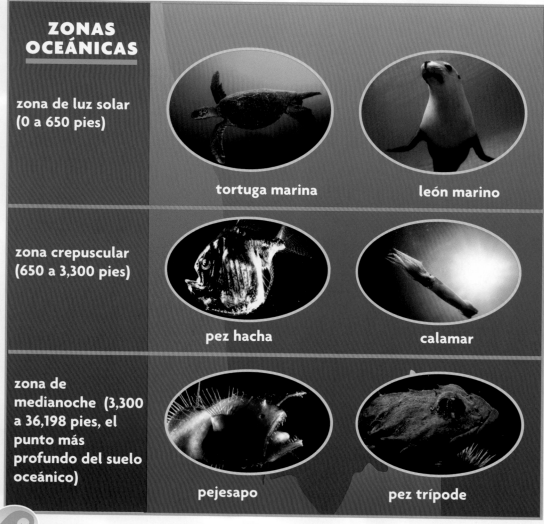

ZONAS OCEÁNICAS

zona de luz solar (0 a 650 pies)

tortuga marina

león marino

zona crepuscular (650 a 3,300 pies)

pez hacha

calamar

zona de medianoche (3,300 a 36,198 pies, el punto más profundo del suelo oceánico)

pejesapo

pez trípode

La zona de luz solar: Es la parte superior del océano, donde la luz solar penetra en el agua. Las plantas necesitan la luz solar para sobrevivir, así que esta es la única zona donde puedes hallar plantas oceánicas como el **fitoplancton** y las algas marinas. Más del 90 por ciento de la vida marina se encuentra en esta zona.

La zona crepuscular: En estas profundidades oscuras y sombrías casi no llega nada de luz. Es demasiado oscuro para que crezcan las plantas. Sólo algunos animales pequeños viven aquí y se alimentan de otros animales o de plantas y animales muertos que caen de la zona de luz solar. En esta zona oscura los animales como el calamar deben hallar a sus presas por las vibraciones y el aroma.

La zona de medianoche: La presión del agua a esta profundidad es enorme. La única luz viene de los animales con "luz propia". Allí abajo se encuentran unos pasajes de agua caliente, que son grietas en el fondo del océano por las que sale expulsada agua con minerales a temperaturas increíblemente altas. Las bacterias que sirven de alimento a los animales de las profundidades se desarrollan en estos minerales ayudadas por el calor.

¡RESUÉLVELO!

9 **El edificio del Empire State mide 1,250 pies de altura. El monumento a Washington mide 555 pies de altura. Si pusiéramos estas dos monumentales estructuras bajo el agua de manera que la parte de arriba estuviera al nivel del mar, ¿a qué zona llegaría cada una?**

¿Cuál es la zona más grande del océano? ¿Es allí donde vive la mayoría de los animales?

Aunque no lo creas, los científicos han explorado tan sólo el 1 por ciento de los océanos del mundo. La exploración submarina es muy difícil en este medio ambiente extenso, oscuro y frío. El problema más grande es la tremenda presión, que puede llegar hasta las 16,000 libras por pulgada cuadrada en las fosas más profundas. ¡Es como tener el peso de un elefante sobre el dedo del pie!

A pesar de estos desafíos, los científicos han estudiado todas las zonas submarinas, desde la zona de luz solar hasta las fosas oceánicas.

10 **¿Cuánta presión habrá sobre un objeto a 3,000 metros de profundidad bajo el océano?**

Si una atmósfera equivale a 15 libras de presión, ¿cuántas más libras de presión se sentirían a 300 metros de profundidad?

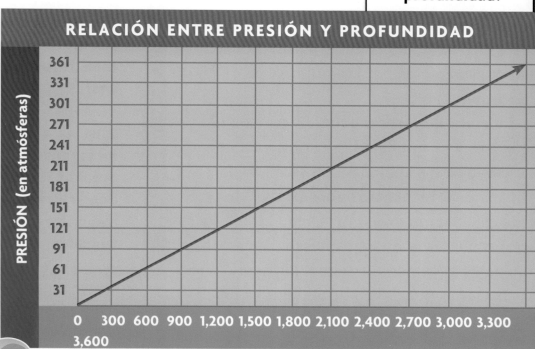

RELACIÓN ENTRE PRESIÓN Y PROFUNDIDAD

PRESIÓN (en atmósferas)

361
331
301
271
241
211
181
151
121
91
61
31

0   300 600 900 1,200 1,500 1,800 2,100 2,400 2,700 3,000 3,300 3,600

PROFUNDIDAD (en metros)

En un ambiente normal las personas tenemos una presión de unas 15 libras por pulgada cuadrada. Esta cantidad de presión se llama una **atmósfera**. En tierra firme, la presión de una atmósfera viene del aire que nos rodea. Bajo el agua la presión aumenta a medida que aumenta la profundidad. Mira la gráfica de la izquierda para ver cómo se relacionan la presión y la profundidad.

DEL MISTERIO A LA CIENCIA

Antes de la década de 1870 se sabía muy poco acerca del océano. En 1872, el barco inglés Challenger comenzó a recolectar información acerca de los océanos. Los científicos a bordo de este barco midieron las temperaturas de los océanos, observaron las corrientes y tomaron muestras de plantas y animales marinos.

No es muy difícil darse cuenta de por qué los buceadores no pueden sumergirse a más de algunos cientos de pies de profundidad, incluso con equipo de buceo para respirar. Unos cientos de pies bajo la superficie, la presión es tan grande que podría aplastar el cuerpo de un buceador. Incluso con un traje presurizado, la mayor profundidad a la que puede bajar un buceador es de sólo 1,500 pies.

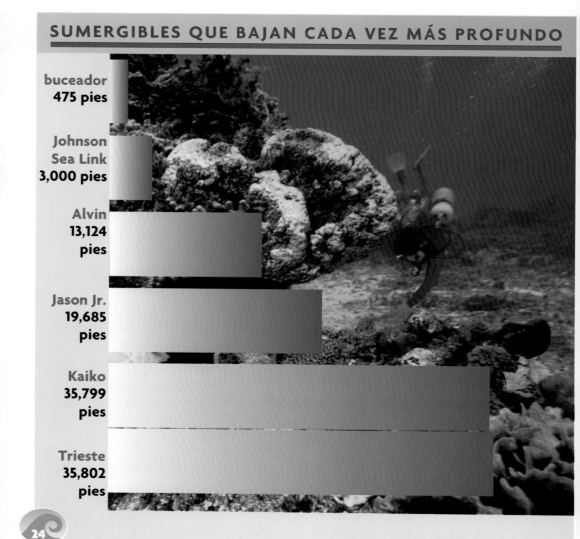

SUMERGIBLES QUE BAJAN CADA VEZ MÁS PROFUNDO

buceador
475 pies

Johnson
Sea Link
3,000 pies

Alvin
13,124 pies

Jason Jr.
19,685 pies

Kaiko
35,799 pies

Trieste
35,802 pies

Para sumergirse a más de 1,500 pies de profundidad son necesarios unos vehículos especiales conocidos como **sumergibles**. Estos vehículos están diseñados para resistir la presión a diferentes profundidades.

Hay varios tipos de sumergibles:

• Sumergibles tripulados, como el *Alvin*, el *Johnson Sea Link* y el *Trieste*, que llevan una tripulación humana.

• Vehículos operados por control remoto, como el *Kaiko* y *Jason Jr.*, que no llevan personas. Los científicos usan cámaras y computadoras para operar estos vehículos desde submarinos tripulados.

¡RESUÉLVELO!

11 El Shinkai es un sumergible japonés de tres pasajeros. Si puede sumergirse 8,290 pies más profundo que el Alvin, ¿a qué profundidad puede descender?

A menudo, los científicos usan sumergibles para estudiar naufragios en el fondo del océano. Uno de los más famosos naufragios es el del *Titanic*. Este barco, del que se dijo que jamás se hundiría, naufragó en 1912. Unos 1,500 hombres, mujeres y niños perdieron la vida.

En 1985, el Dr. Robert Ballard y un equipo de investigadores encontraron los restos del *Titanic* en el Atlántico, cerca de la costa de Terranova.

← **el Titanic**

→ **La X marca el lugar donde fueron encontrados los restos del Titanic cerca de la costa de Terranova.**

El Dr. Ballard y su equipo usaron el sumergible *Alvin* para explorar los restos del *Titanic* un año después. Les llevó dos horas y media descender hasta los restos que se encontraban a 13,000 pies de profundidad.

Para explorar los restos del *Titanic*, el equipo manejó el robot no tripulado *Jason Jr.* desde el interior del *Alvin*. Gracias a los dos tipos de sumergibles, el Dr. Ballard y su equipo pudieron observar que algunos objetos parecían casi nuevos, a pesar de haber pasado setenta y cinco años en el fondo del océano.

↑
el Jason Jr. antes de la expedición del Titanic

←
Este bolso y su contenido pertenecieron a un oficial de la tripulación del Titanic.

CAPÍTULO 4

La aventura sin fin

Los sumergibles nos permiten mirar de cerca el suelo oceánico, pero ¿cómo pueden los científicos medir la profundidad del océano, identificar cadenas montañosas y hallar fosas oceánicas?

Hace muchos años, los marinos comenzaron a medir la profundidad del océano usando pesos atados a una larga soga que sumergían en el agua hasta tocar el fondo. Para medir la profundidad, se fijaban en la cantidad de soga que quedaba bajo el agua cuando el peso tocaba fondo.

Hoy en día los científicos conocen mucho mejor lo que hay bajo la superficie de los océanos. Un método que usan es el sonar. Se emiten ondas de sonido que "rebotan" en el fondo del océano y se calcula el tiempo que tardan en volver.

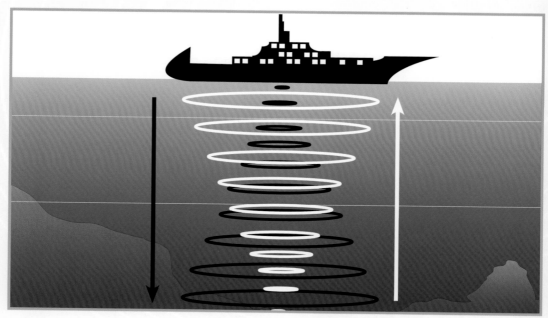

↑ Este barco emite ondas de sonido que rebotan en el suelo oceánico para descubrir sus características.

Así se ve el suelo oceánico desde un satélite.

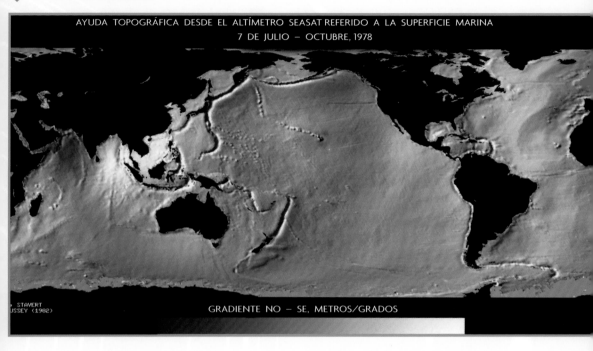

AYUDA TOPOGRÁFICA DESDE EL ALTÍMETRO SEASAT REFERIDO A LA SUPERFICIE MARINA
7 DE JULIO – OCTUBRE, 1978

STAVERT
USSEY (1982)   GRADIENTE NO – SE, METROS/GRADOS

Otra forma en la que los científicos estudian el suelo oceánico es desde el espacio. Así como los barcos usan ondas de sonido, los satélites que circulan alrededor de la Tierra emiten microondas que rebotan en el suelo oceánico. Estas lecturas ofrecen una imagen mucho más detallada de la geografía del océano, desde pequeñas colinas y valles hasta fosas escondidas.

A pesar de toda esta tecnología, los científicos recién empiezan a descubrir los secretos del océano. Hay muchas más fosas que investigar, especies marinas que descubrir y misterios acerca del poder del océano que resolver. ¡Nos quedan muchos descubrimientos emocionantes por delante en la frontera acuática de la Tierra!

¡Resuélvelo!: Respuestas

1 Página 3
un 29 por ciento; en el Hemisferio Sur

2 Página 5
el Pacífico; el Ártico; aproximadamente 12 veces mayor; aproximadamente 2 veces mayor; de 2 a 3 millas; Falso; el océano Atlántico es más grande que el océano Índico pero el Índico tiene una profundidad media mayor.

3 Página 7
3; 97; 4 tazas

4 Página 9
32° Fahrenheit; −2.2° Fahrenheit

5 Página 11
5 pies; 10 pies

6 Página 13
a las 2:00 p.m.; a las 8:00 p.m.

7 Página 15
Cerca de los pasajes de agua caliente; cerca de los polos; unos 262° centígrados

8 Página 19
19.678 pies; 4.7 millas; aproximadamente 10 veces más larga

9 Página 21
El edificio del Empire State: la zona crepuscular; el Monumento a Washington: la zona de luz solar; la zona de medianoche; no, la mayoría de los animales viven en la zona de luz solar

10 Página 22
302 atmósferas; 465 libras

11 Página 25
21,414 pies

Glosario

altura de la onda	distancia entre la cresta (punto más alto) y el seno (punto más bajo) de una ola
atmósfera	unidad usada para medir la presión del aire o el agua; una atmósfera equivale a 15 libras de presión
cloruro de sodio	sal de mesa
corriente	agua que se mueve largas distancias a través del océano
dorsal oceánica	cordillera muy larga a través del suelo oceánico; a menudo, es el sitio donde hay maremotos y volcanes
fitoplancton	plantas del océano que viven en la zona de luz solar
fondo oceánico	gran área al fondo del océano; incluye llanuras, montañas y valles
fosa	un valle largo, empinado y angosto en el suelo oceánico
hemisferio	una mitad de la Tierra; el Hemisferio Norte y el Hemisferio Sur están divididos por el ecuador
longitud de onda	distancia entre la cresta de una ola y la siguiente
marea	el aumento y descenso del nivel del mar en el mundo
minerales	sustancias químicas que se hallan en la naturaleza y que no son ni animales ni vegetales
ola	una onda que se mueve en la superficie del océano
plano abisal	regiones grandes y planas o de poca inclinación del fondo oceánico
plataforma continental	superficie submarina que se extiende desde la costa de un continente o una isla hasta donde comienza el talud continental
sumergible	vehículo usado para explorar la profundidad del océano
talud continental	brusca caída desde la plataforma continental hasta el fondo oceánico
tsunami	una ola muy grande causada por un maremoto o por la erupción de un volcán submarino

Índice